अँखियों के झरोखों से

ग़ज़लों का गुलदस्ता

Rajesh Kumar

BookLeaf
Publishing

India | USA | UK

Made with ❤ on the BookLeaf Publishing Platform
www.bookleafpub.in
www.bookleafpub.com

Dedication

(अंखियों के झरोखों से)

उसके खिलाफ कुछ भी सुनना गवारा नहीं है,
मेरा यार आशिक जरूर है पर आवारा नहीं है।

उसकी आंखों में नशा रहता है एक जमाने का,
वो तनिक भी मौहबत में,कभी नकारा नहीं है।

माना उसके गर्दिश में हैं, सितारे कुछ अरसे से,
पर मिलके कोई नहीं कहता, वो प्यारा नहीं है।

ये जो बड़े ख़ामोश से अल्फाज लिखता हूं मैं,
कभी अकेले पढ़ना,कोई लफ्ज बेचारा नहीं है।

कट जाता है ये सफर जिंदगी कुछ इसी सहारे,
कि बहते जाना है इसका कोई किनारा नहीं है।

माना कि वो बहक जाते हैं महफिल में अकसर
पर 'राज'तेरे शिवा उसका कोई सहारा नहीं है।

@राज ढुल

Preface

Acknowledgements

1. गवारा

(अंखियों के झरोखों से)

उसके खिलाफ कुछ भी सुनना गवारा नहीं है,
मेरा यार आशिक जरूर है पर आवारा नहीं है।

उसकी आंखों में नशा रहता है एक जमाने का,
वो तनिक भी मौहबत में,कभी नकारा नहीं है।

माना उसके गर्दिश में हैं, सितारे कुछ अरसे से,
पर मिलके कोई नहीं कहता, वो प्यारा नहीं है।

ये जो बड़े ख़ामोश से अल्फाज लिखता हूं मैं,
कभी अकेले पढ़ना,कोई लफ्ज बेचारा नहीं है।

कट जाता है ये सफर जिंदगी कुछ इसी सहारे,
कि बहते जाना है इसका कोई किनारा नहीं है।

माना कि वो बहक जाते हैं महफिल में अकसर
पर 'राज'तेरे शिवा उसका कोई सहारा नहीं है।

@राज ढुल

2. लहजा

(अंखियों के झरोखों से)

तुम कभी अपना भी लहजा बदल के देखो,
और कभी पढ़के शेयर मेरी गजल के देखो,

बिखरा ना करो तुम मेरी हर बात पे दोस्त,
कभी तो अपने से आगे निकल के देखो,

लाजमी है परिंदों को मोहब्बत तुम से हो,
बरसात की मस्ती में तुम बिफर के देखो,

कह जाते है खामौशी से हर बात इशारों में,
इतने हौसले बुलंद उस की नजर के देखो,

'राज' है मुश्किल बहुत मेरी नज़रों से बचना,
एक रोज मेरी खातिर तुम निखर के देखो,

@राज ढुल

3. आवाज़

मैंने कब कहा कि मुझे, मोहब्बत से नवाज दे,
आज उदास है दिल, बस तु मुझे आवाज़ दे,

माना शायर हूँ खताएँ तो, मुझसे भी हुई होंगी,
पर जरूरी नहीं हर बार,मेरी कलम हिसाब दे,

ये उल्फत की बात है,जरा सलीके से कीजिए,
मेरी ही आवारगी, हर कदम पे क्यों जवाब दे,

दिल में हो तुम और, हर बात में जिक्र तुम्हारा,
इन आँखों की तमन्ना है, हर लम्हा तु दीदार दे,

तेरी रूह से मेरी रूह का, ऐसा रिश्ता है "राज",
जैसे ज़हान में खुशबू, हर किसी को गुलाब दे,
✍

@राज ढुल

4. किसान

(अंखियों के झरोखों से)

जरा तुम भी, अपना जमीर जगा के देख,
खुले आसमान को,अपना घर बना के देख,

आसमानों सी ऊंची छलांग बहुत है तेरी,
कभी जमीन पर भी पांव लगा कर देख,

यं ही मेला कुचेला लगता है वो तुझ को,
तु भी कभी मिट्टी से, याराना बना के देख,

इंसान से इंसान का बैर होता कैसा है,
कभी मातम अपने घर में तु, मना के देख,

इसे गद्दार मुल्क के बताने वाले ए शख्स,
सरहद पे अपना भी बेटा लगा के देख,

कितना आसान होता है अनाज उगाना,
एक शरद रात, तुम खेत में बिता के देख,

ऐ खिलाफत करने वाले तू जान तो जरा,
एक रोज बिना अनाज घर चला के देख,

"राज" लिखी है दिल की गहराई से बातें,

तु आज कहानी किसान की सुना के देख,
✍

@राज ढुल

5. अधूरी बातें

(अंखियों के झरोखों से)

दिल की अधूरी बातें अक्सर बतानी चाहिए,
गर मोहब्बत है तुमको जरुर जतानी चाहिए,

बस ये यूं ही गुजर जाएंगे पढ़ाव मंजिलों के,
जिंदादिली रखिए गर हर पल जवानी चाहिए,

महकदे में मयकश महफिलों का दौर है यहां,
है मकसद कोई तेरा तो एक कहानी चाहिए,

माना कि गिरा दोगे मुझे जमाने की नजरों में,
इस जज्बे के लिए भी ज़िगर रुहानी चाहिए,

वो गले मिलकर चुभो जाते हैं कांटा पिठ पर,
उनके हौसलों की दाद भी यार दिलानी चाहिए,

'राज' कब बोला कि ऐ दिल तुम्हारा नहीं हुं मैं,
ये हक जताने के लिए भी बैठक बुलानी चाहिए,
✍️

@राज ढुल

6. मोहब्बत

(अंखियों के झरोखों से)

दिल की अधूरी बातें अक्सर बतानी चाहिए,
गर मोहब्बत है तुमको जरुर जतानी चाहिए,

बस ये यूं ही गुजर जाएंगे पढ़ाव मंजिलों के,
जिंदादिली रखिए गर हर पल जवानी चाहिए,

महकदे में मयकश महफिलों का दौर है यहां,
है मकसद कोई तेरा तो एक कहानी चाहिए,

माना कि गिरा दोगे मुझे जमाने की नजरों में,
इस जज्बे के लिए भी ज़िगर रुहानी चाहिए,

वो गले मिलकर चुभो जाते हैं कांटा पिठ पर,
उनके हौसलों की दाद भी यार दिलानी चाहिए,

'राज' कब बोला कि ऐ दिल तुम्हारा नहीं हुं मैं,
ये हक जताने के लिए भी बैठक बुलानी चाहिए,

@राज ढुल

7. ख़राब

(अंखियों के झरोखों से)

आंखों में इशारे , लबों पर एक जवाब होता है,
थोड़ा थोड़ा तो यारों, हर कोई खराब होता है,

माना कि बहुत चाहते हो, पर परखोगे कैसे,
जहान में हर चेहरा थोड़े ही, किताब होता है,

कर लेते हो मुलाकात, छुपके किसी बहाने से,
एहसास तो उसके दिल को भी,जनाब होता है,

ये एक नजरिया है कि, किस तरह देखते हो,
वो हर कांच का प्याला,थोड़े ही शराब होता है,

हो सके रूबरू होके, कर इज़हार मोहब्बत का,
'राज' दुरियों में कहां,इता गहरा हिसाब होता है।

@राज ढुल,

8. कमी

(अंखियों के झरोकों से)

❁

आज उन की आँखो में, कुछ नमी सी है,
है निराश मन, लगता है तनिक कमी सी है,

इशारों में ही सही, मगर वो बताए तो जरा,
क्यों इतनी धुल, उसके दिल पे जमी सी है,

हर पल बस, अपनी रफ्तार है पकड़े हुए,
पर क्यों तेरे बैगर,मेरी धड़कन थमी सी है,

तुफांन को भी युं तो, किया है काबू हमने,
बस है बेकाबू तो, केवल सुखी जमीं सी है,

'राज' देख कर दुनिया को,बदला मिजाज,
हर तरफ हवा में,महक उसकी रमी सी है।

✍

@राज ढुल

9. गाँव

(अंखियों के झरोखों से)

रहगुजर, वैसे तो समेट लाया हूं, मैं हर चीज गांव से,
बस रह गए बरगद पे वो धागे, जो बांधें थे नंगे पांव से,

भूले नहीं वो गिल्ली डंडा खेलना, गिरना और संभलना,
याराना आज भी है मेरा,गुजरती हुई उन कच्ची राहों से,

सच दूर रहके लगाव बढ़ता गया मौहल्ले की गलियों का,
अक्सर रूह तन्हाइयों में, बातें करती है उन हवाओं से,

किस्सा है मोटे पीपल के पेड़ पे मधुमक्खियों के डेरे का,
मक्खियों का चूमना,जब माप रहा था घेरा दोनों बाहों से,

जोहड़ किनारे बैठ निहारना पानी की लहरों को दूर तक,
फिर सोचना तट समुंदर का, तन्हा कितना होगा नांव से,

हर उत्सव पे सिंगारना,और लगाना काला टीका कान पे,
'राज' बने रहे मां का आशीर्वाद,जो बचाए हर बलाऔ से!

राज ढुल,

10. नज़र

(अँखियों के झरोखों से)

चलो हम भी उधर से ही गुजर के देखते हैं,
जहां पे लाखों आंखे उस नज़र को देखते हैं

देखें कितनी रंगीन है, ज़जबाती तितलीयां,
उस दरख्त की मेजबानी चल के देखते हैं,

वहां का मौसम भी बेजुबान सुना है हमने,
ये मंज़र भी यार ठहर उनके घर से देखते हैं,

सुना है कि पुरानी किताब के, पन्ने बोलते हैं,
वो जमाना उन्हीं की जुबानी सुनके देखते हैं

"राज" आलम रंगीन है, उनकी गलियों का,
चलो आज उनके शहर में बसर के देखते हैं
✍

@राज ढुल

11. बरसात

(अँखियों के झरोखों से)

बिन मौसम बरसात किसी बहाने से आई होगी,
उसकी यादों ने, रात करवटें बदल बिताई होगी,

पतंगे भी कुछ और पल , जीने की आस में होंगे,
लेकिन तूफान के आगे कुछ ना, खैर बसाई होगी,

अचानक सामने आकर, अपने लब खोल ना पाए,
उसकी आंखें युं अरसे बाद मिलकर शर्माई होगी,

हमें नजरअंदाज कर कुछ महफिल में इतराए तो है
यकीनन तन्हाई में, वो कलम बहुत पछताएगी होंगी,

'राज' मोहब्बत साफ पानी जैसी है कोई शक नहीं,
जिसमें खोके मुस्कुराए, वो उसकी परछाई होगी।
✍

@राज ढुल

12. ख़्याल

(अंखियों के झरोखों से)

तेरे ख्याल में जब ये, मेरा ख्याल होता है,
यादों वाला पहलू भी, बे-मिसाल होता है!

तुम समझ नहीं पा रहे, मेरे अल्फाजों को,
बस हम बता रहे थे,कैसे इजहार होता है!

इश्क का ये मौसम,निखर रहा है शायद,
देखें तूफ़ान में भी, कितना प्यार होता है!

यार तुमको मांगा है,कितना खुदा से हमने,
मेरी दुआ का पता, रब की मजार होता है!

पल कितने भी गुजार लुं, मैं तेरी पनाह में,
'राज' फिर भी दिल को, इंतजार होता है!

✍

@राज ढुल

13. चंद लम्हे

(अंखियों के झरोखों से)

याराने जरूरी नहीं कि वर्षों के हो,
कभी कभी चंद लम्हे भी सताते है,

यादें, गम, जुदाई बस वही जाने,
जिन के चाहने वाले चले जाते हैं,

वो मुड़के ना देखते तो अच्छा होता,
हमको उनके रूठे पल भी भाते हैं,

इश्क करना आसा़ निभाना मुश्किल,
पता नहीं चलता , दिन है कि रातें हैं,

"राज" सँभाल रहा है निशानियों को,
देखना है कि कब वो मुड़के आते हैं।

@राज ढुल

14. अख़बार

(अंखियों के झरोखों से)

कुछ बंद लिफाफे भी, इश्तहार हो जाते है,
मासूम चेहरे भी कई, अखबार हो जाते हैं,

संभल के बातें किया करो महफिल में आप,
तेरी एक बात के मतलब हजार हो जाते हैं,

तेरे ही जिगरी यारो ने बताई कुछ बातें मुझे,
तेरी हर हंसी के लफ्ज़, इज़हार हो जाते हैं,

संभाले रखो मलकीयत बस अपने नाम की,
सांझी विरासत के ,कई हकदार हो जाते हैं,

एक हद तक ही, मोहब्बत ,सुकून देती है,
एक तरफा होने से लोग, बर्बाद हो जाते हैं,

सभी को मालूम कि तुम नेक दिल है 'राज',
तभी तेरे खिलाफ, दोस्त हर बार हो जाते हैं।

@राज ढुल

15. महफ़िल

(अंखियों के झरोखों से)

तन्हाई अच्छी नहीं , महफ़िल भी सजाया करो,
लेकिन मुद्दा ये है कि हुशन से दुरी बनाया करो,

माना कि उन गलियारों को पिछे छोड़ा है आपने,
फिर भी यदा कदा तरफ उनकी जरुर जाया करो,

आसान कहां है युं उलझे मसलों से निजात पाना,
वो जैसा भी है पर उसे नज़रों से ना गिराया करो,

अफ़सोस कैसा जो वो किसी का ख्वाब निकला,
महफिल दिलों की है सबको अपना बनाया करो,

'राज' कठिन तो है हर किसी को दिल में बिठाना,
बड़ा लाजवाब है इश्क, हरेक से निभाया करो,

@राज ढुल

16. बात

(अंखियों के झरोखों से)

मैं क्या समझूं तेरी इन नादान बातों से,
तुं चुरा रहा है नींद , अपनी ही रातों से,

कितना ना समझ हर बात ठुकराता है,
अलग क्यों हो रहा है अपनी शाखों से,

जिंदगी का सफर भी,हमारा अजब रहा,
हरपल बगावत की अपने ही ख्वाबों से,

कभी अकेले बैठकर पढ़ना अल्फ़ाज़ मेरे,
तेरे लिए सुखा दिए आंशु इन आंखों से,

'राज' के लिए तुम ही हो सारी कायनात,
तुम गुरूर हो गुजर जाएंगे हर हालातो से,

@राज ढुल

17. मुताबिक़

(अँखियो के झरोखों से)

तुम्हारे मुताबिक़ यार नज़र आऊँ कैसे,
दिल रस्ते नहीं बदलेगा ये बताऊँ कैसे,

मुझ को चाहने के लिए तेरा शुक्रिया,
पर अंदर बंद दरवाज़े के बुलाऊँ कैसे,

सियासत, रियासत सब अपनी जगह,
तुम्हें सल्तनत का हिस्सा बनाऊँ कैसे,

हर बार आँखों से बयां करते तो हैं हम,
तुम ईसारे समझो ,जुबान लड़ाऊँ कैसे,

"राज " आईने भी दिल साफ़ रखते हैं,
इस से ज़्यादा तुमको ,समझाऊँ कैसे ।

राज ढुल,

18. दिल्लगी

(अँखियों के झरोखों से)

गुफ्तगु मोहब्बत मे हर बार चाहिए,
तन्हा जो है वो जरा, दिल   लगाइए !

मायूसी कैसी इस रंगीन जहां मे यार,
मिलते रहिये और तनिक मुसकुराइये!

युं तो नही हुआ वक्त किसी का कभी ,
चलते चलते राह में, कुछ गुनगुनाइये !

ये काम का दौर तो चलता रहेगा सदा,
वक्त बेवक्त महफिल ज़रूर सजाइये!

मुमकिन है अपना बनाना हर किसी को,
आँखों के रस्ते सिधे दिल मे उतर जाइये!

कभी चाहने वाले किसी के रुठे ना दोस्तों,
 "राज" अपनों को दिल से ज़रूर मनाइये!

@राज ढुल

19. कान की बाली

(अंखियों के झरोखों से)

मुझे चुराना उनके कान की बाली बिल्कुल आज भी याद है,
खेत में तेरा लेकर रोटी आना, याद तेरे हाथों का स्वाद है,

रब्बा ओ दिन एक बार और दे दे, अल्हड़ मदमस्त जीने के,
जिनको हमने तो जी भर के जिया, पर बहुत लोग बर्बाद है,

उस मिट्टी की खुशबू आज भी ताजा होती है,दिल दिमाग़ में,
जीथे आज भी मौजूद मेरी ,यादों की जमीन और जायदाद है,

"राज " मेरी कहानी में सुमार, रहे है सभी वो दोस्त प्यारे,
जिनके छोटे बड़े किरदार से, आज मेरे दिन रात आबाद है।

✍

@ राज ढुल

20. यक़ीन रहता है

(अंखियों के झरोखों से)

मिल ही जाएगा, ये दिल को यकीं रहता है,
वो इसी शहर की गलियों में, कहीं रहता है,

मिला तो पूछेंगे बैठाके हाल- ए- दिल उसे,
क्या आज भी इश्क़, रफ्ता रफ्ता बहता है,

इज़हार, इकरार, इनकार कभी किया नही,
क्या ये हशीं जुर्म दिल उसका भी सहता है,

मोहबतें कहां हुई है उम्र की मोहताज कभी,
'राज' एक दफा दिल लगा, मन ये कहता है,

✍

@ राज ढुल

21. इशारों से

अंखियों के झरोखों से

कभी निगाहों से कहते हो, कभी इशारों से,
तुम लगते हो कसम से, बढ़के मेरे यारों से,

सच दिल्लगी बढ़ती जाती है तेरी खामोशी में,
कमबख्त दिल इश्क कर बैठा,तेरे इकरारों से,

कीजिऐ मोहब्बत चाहे हो जो भी अंजाम ,
हो ज़िंदगी में ज़िंदगी जैसा, काम इजहारो से,

'राज' सलीका है मेरा, रूह में उतर जाने का,
दिलों के ये अहसास, नहीं मिलते बाजारों से,
✍

@राज ढुल

22. संभला

(अंखियों के झरोखों से)

संभला है गिर के वह कुछ अलग हालात रही होगी,
वही बताएगा कयामत कि वह कैसी रात रही होगी

वर्ना कौन मुंह मोड़ता है युं ही दिल के अजीज से,
जरुर इसकी गवाह भी आंखों की बरसात रही होगी,

मोहब्बत का अंजाम चाहे जो भी हुआ अच्छा या बुरा,
खंडहर बता रहे हैं कि खूबसूरत शुरुआत रही होगी,

नदिया के किनारे और लहरों के हुलारे भी शामिल है,
ना जाने कहां- कहां कितनी ही मुलाकात रही होगी,

'राज' हमेशा महफूज रखता है खूबसूरत दिलों को,
युं दिल तोड़ने की वज़ह कोई बड़ी बात रही होगी।
✍️

@राज ढुल

23. कुछ कहो

(अंखियों के झरोखों से)

यार ना तो तुम कुछ कहो, ना मैं कुछ कहूं,
आंखों की बातें है, आंखों को कहने दो,

क्या फर्क पड़ता है मैं तुम्हें चाहुं, तुम मुझे,
दिलों का झगड़ा,धड़कनों को सुलझाने दो,

ये मिलने का सिलसिला भी चलता जाएगा,
बस एक बार पतझड़ का मौसम जाने दो,

इश्क मसले में किरदार गैरों का अजब है,
जो जलते हैं, उनको खाक बन जाने दो,

'राज' देखता तेरी आंखों में बिखरा ख़्वाब,
वो समझे बिखरा काजल तो समझ जाने दो।

@राज ढुल

24. याद

(अंखियों के झरोखों से)

जब जब तुम आते हो याद मुझे,
धड़कन दिल को कुछ बताती है,

ना तेरे बिन कट पाते लम्बें दिन,
ये रातें सिलवटें गिन कट जाती है,

आ भी जाओ तुम बन कर पक्षी,
यार तेरी यादें हर लम्हा सताती है,

ये तन्हा मौसम भी डसने लगते है,
युं तमन्ना प्यार के दीप जलाती है,

'राज' मुझे तो बस अपना कह दो,
ये धुन सुनने को रुह तरस जाती है।

@राज ढुल

25. इकरार लिखा

(अंखियों के झरोखों से)

कभी मोहब्बत लिखी कभी इकरार लिखा,
इस कदर हर पल मैंने, तेरा इंतजार लेखा,

जो मनतों से युं , तुमको अपना बनाया है,
इस दिलगी को मैंने, गजब इजहार लिखा,

कहो तो बना ले , हमसफर उन लम्हों को,
जिन लम्हों में तेरा, हसीन सा प्यार दिखा,

ये दिल के मौसम, अजब मिजाजी होते हैं,
लो यादों के झोंकों को,मैंने बरसात लिखा,

'राज' बढ़के नहीं होता, अपनों से कोई भी,
उल्फत को हमने, हर लम्हा बेकरार लिखा।
✍

@राज ढुल

26. मसहुर

(अंखियों के झरोखों से)

बस याद रहे मोहब्बत तेरी फिजूल ना हो,
बिछड़ने की कोई भी दुआ, कबूल ना हो,

गनीमत ये रहे कि बेपर्दा ना हो कुछ भी,
भेद सारे खुल जाए इतना भी सरूर ना हो,

जिसका है उस को मिलना भी जरूरी है,
जहन में रखना कहीं वो हक वसूल ना हो,

चलता रह तु अपनी धुन में फ़िक्र ना कर,
'राज' नज़र लगा देंगे इतना मसहूर ना हो।
✍
@राज ढुल

27. शोहरत

(अंखियों के झरोखों से)

मैं युं मसहुर हुआ उसको लुभाने के बाद,
जैसे सितारा चमके शौहरत आने के बाद,

दुश्मनों ने भी उस दिन जशन मनाया ऐसे,
जैसे बेड़ीयों से निकले हो जमाने के बाद,

मुझे ना था मालूम इस जीत में भी हार है,
हरपल मुरझाता गया मै मुस्कुराने के बाद,

दुनिया एक तरफ मैं बस था उसकी तरफ,
फिर भी तन्हा रहा हर रात बिताने के बाद,

'राज' मिलूंगा तो पूछूंगा मैं अपने नसीब से,
क्यों ना मिला वो, हर रस्म निभाने के बाद।

✍

@राज ढुल

28. शहर

(अंखियों के झरोखों से)

मुद्दत बाद तेरे शहर में बस चला आया हूं,
मगर आके आज भी खुद को तन्हा पाया हूं,

पहचान जाता था तेरे कदमों की आहट से,
कदर इस वो सारे लम्हे समेट लाया हूं,

वादा था मिलने का हर गली हर कुचे पे,
सारी शिकायतें आज भी बता ना पाया हूं,

'राज' गुलाब जो अक्सर रखे थे किताब में,
कैनवास पर यार उनको सजा के आया हूं।
✍
@ राज ढुल

29. इतवार

(अंखियों के झरोखों से)

बहुत सारी बातें जमा हो गयी है करने को तुमसे,
मेरे लिए तुम एक दिन इतवार हो जाओ ना...,

छुप छुप के लड़ना झगड़ना गुरुर करना बहुत हुआ
नफरतों को छोड़ अब, आखिर तुम प्यार हो जाओ ना,

तेरे हर एक लफ्जों में हमें अपना अक्स दिखता है..
दुनियादारी,ये हया छोड़के तुम मेरे यार हो जाओ ना,

बादलों के उस पार तक भी साथ निभाना है मुझको तेरा,
मैं अरज करूं मोहब्बत को तो,तुम इजहार हो जाओ ना,

और अब तलाशने की जरूरत नहीं निगाहों में तस्वीर मेरी,
मैं तुम्हें पलकों पर रखुं और तुम मेरे "राज" हो जाओ ना।

@ राज ढुल

30. थका हारा

(अंखियों के झरोखों से)

आज यारों मैं थका, हारा सा, हो गया,
लगता है मेरे लीऐ, ये ज़माना सो गया,

चिल्ला रहा हुं अपना, वजुद बचाने को,
अपना लगने वाला भी, बेगाना हो गया,

ऐसे चौराहे पे आके रस्ते बंद किए, कि,
बर्बाद पगडंडियों पे, बस जाना हो गया,

कागज़ पे किस्से उकेरे थे, साहुकारों ने,
बेवजह मेरा मसहुर, अफसाना हो गया,

"राज" रब से अरदास कि फ़रिश्ता आए,
निकाले हल,आज दुर्लभ कमाना हो गया।

@राज ढुल

31. हार जीत

(अंखियों के झरोखों से)

महफिल महफिल बात ये सरेआम हो गई है,
किसी को मिली जीत किसी की हार हो गई है,

मुझे तेरे मिलने की लत से फुर्सत नहीं अब,
जमीन शायद जमीन नहीं आसमा हो गई है,

रंग देख तुम कहे तो हां ,तुम कहो तो ना,
कदर इस तेरी हर जुबान मेरी जुबां हो गई,

अब काटे नहीं कटते लम्हें दर लम्हें वक्त के,
हर तरफ हवा में तेरी खुशबू रमा हो गई है,

अब जाएं तो किधर जाएं इस पड़ाव पे आके,
'राज' खेल नया है, पर बीज पुराने बो गई है।

@राज ढुल

32. चाहता है क्या

(अंखियों के झरोखों से)

जैसे तुमको चाहा हमने,ऐसे कोई चाहता है क्या,
बता और भी रास्ता, तेरे दिल तक जाता है क्या,

माना नादान से हो गऐ, तेरी मोहब्बत के साए में,
जितना सताते हो तुम,इतना कोई सताता है क्या,

सुबह हो या शाम,बस तुम्हारा ही ख्याल रहता है,
मेरी प्यासी नजरों जितना, कोई निहारता है क्या,

पलकें झपकाए बैगर, कुछ इज़हार की कोशिश,
इतने खुले दिल से, गैर कोई हक जताता है क्या,

खुल्लम खुल्ला करके बेपर्दा इश्क यार का कोई,
आशियाने में 'राज' खातिरदारी युं कराता है क्या।

@राज ढुल

33. किताब

(अंखियों के झरोखों से)

⚙

खोटे सिक्के जो कभी,चले नहीं किसी बाजार में,
आज वहीं कमी ढूंढ रहे हैं,मेरे खरे से किरदार में,

तमन्नाओं से खेल रहा,आज दिल कुछ इस कदर,
मुश्किल ही सही,पर हार मंजूर नहीं मेरे दरबार में,

हालात जैसे भी रहे हो, मेरे हरसफर के दरमियान,
पर हरपल मेरी निगाहें, मशरूफ रही तेरे दीदार में,

ख्वाइशों के बोझ तले, तड़प दिल की बढ़ती गई,
बहुत रातें ऐसे ही गुजर गई, तन्हा सी हिसाब में,

कुछ लिखने की तलब में, मेरी क़लम रुकना पाई,
'राज' कई दिलकश एहसास,समेटे तेरी किताब ने,
✍

@राज ढुल

34. नज़र को देखते हैं

(अंखियों के झरोखों से)

चलो हम भी उधर से ही गुजर के देखते हैं,
जहां पे लाखों आंखे उस नज़र को देखते हैं

देखें कितनी रंगीन है, ज़जबाती तितलीयां,
उस दरख़्त की मेजबानी चल के देखते हैं,

वहां का मौसम भी बेजुबान सुना है हमने,
ये मंज़र भी यार ठहर उनके घर से देखते हैं,

सुना है कि पुरानी किताब के, पन्ने बोलते हैं,
वो जमाना उन्हीं की जुबानी सुनके देखते हैं

"राज" आलम रंगीन है, उनकी गलियों का,
चलो आज उनके शहर में बसर के देखते हैं

✍

@राज ढुल

35. घबराया ना करो

(अंखियों के झरोखों से)

बस दोस्त तुम घबराया ना करो,
चलते जाना है चलते जाया करो

मुश्किलें तो जीवन का आधार है,
जो देता है उन सभी का आभार है

ना चाहते हुए भी कुछ कार्य करने होते हैं
जिंदगी में ऐसे मुश्किल पल भरने होते हैं

बस दोस्त तुम घबराया ना करो
चलते जाना है चलते जाया करो

मोम सा दिल है तुमसे पहले पिघल जाएगा
और आंच सहके कुछ रोशनी भी दिखाएगा

बस दोस्त तुम घबराया ना करो
चलते जाना है चलते जाया करो

जिसने भी कहा सभी की मान जाया करो
मुश्किलों में भी इस कदर राह बनाया करो

बस दोस्त तुम घबराया ना करो
चलते जाना है चलते जाया करो
✍

@राज ढुल

36. हमराज़

(अँखियो के झरोखों से)

हमने चाहा है कि, तु हमराज़ बनके चल,
बस तू चल साथ, चाहे राज़ बन के चल।

एक सुकून सा मेरी रूह को मिल जाता है,
तुम रुसवाई में भी मेरी आवाज़ बनके चल।

मैं हवा सा हूँ, लगातार बहता रहता हुं यार,
तुम बहती ख़ुशबू, युं मेरे साथ बनके चल।

जब से तुम मिले हो , मिला हूँ ख़ुद से मैं ,
हक़ीक़त में पुरा होता,ख़्वाब बन के चल।

@राज ढुल

37. बात बात में

(अंखियों के झरोखों से)

मैं जुगनू ढूंढने चला,जब तन्हा सी रात में,
खयाल आता गया तेरा, युं बात बात में,

यादें उन दिनों की, इस कदर उभर आई,
पीलाई थी चाय तुमने, कभी जज़्बात में,

कुछ लफ्ज दिल पे यूं असर सा कर गऐ,
और मोहब्बत बढ़ गई, कुछ बेहिसाब में,

नही बदला कभी किरदार मौका देखकर,
ये हुनर नवाजा खुदा ने, अपने हिसाब में,

'राज' से नज़दीकियां समझो खुद से दूरियां,
देखो फंस ना जाना तुम दिल के बवाल में,

@राज ढुल

38. इसतिहार

(अंखियों के झरोखों से)

अगर हमें मौहबत में इस्तिहार छपाने होते,
रहगुजर सच में,आज हम बहुत पुराने होते,

इश्क में भी एक सलीका, अपनाया हमने,
अरसे पहले चुरा लेते, गर दिल चुराने होते,

सोचो कितनी चाहत रखते हैं तेरे लिए हम,
जलसा भी कर देते अगर आंशु रुलाने होते,

ये अहसासों की अदालतें है, भीड़ की नहीं,
चौपालों में युं नहीं, कभी लोग बुलाने होते,

'राज' अगर अपना लेता जिस्म ऐ इश्क को,
जमाने की तरह तुम्हें भी,बदले जमाने होते।
✍

@राज ढुल

39. यार पुराने

(अंखियों के झरोखों से)

बंदिशों में बंद थे जब मुलाकातों के बहाने,
सोचता हूं कैसा था वक्त, कैसे थे जमाने।

वो युं चला भी गया, फिर लोटा भी नहीं,
पर दिलों के लबालब भर गए थे खजाने।

एक खूबसूरत जहान मुकम्मल हुआ तभी,
जब जब मिलते रहे वो बिछड़े यार पुराने।

भले छू लिया आसमां भले जमीन सजाली,
आज भी जहन में बसे हैं जज़्बात बजकाने।

'राज' वो वक्त भुलाए भी भूला नहीं जाता,
कुछ किताबी यार, कुछ हसीनो के याराने।

@राज ढुल

40. डरना छोड़ दिया

(अंखियों के झरोखों से)

हमने खालीपन को भरना छोड़ दिया,
तनहाई से बिलकुल डरना छोड़ दिया,

अब तो मुझको मेरे हाल पर जीने दो,
आजकल मैंने तुम पर मरना छोड़ दिया,

तुमको हिचकी आने से भी दिकत थी,
हमने लो याद तुमको करना छोड़ दिया,

बताता था हाल किस्मत की लकीरो का,
फकीर ने वो आईना रखना छोड़ दिया,

'राज' पहचान लेता, कदमों की आहट से,
हवा में महकती खुशबू चखना छोड़ दिया।

@राज ढुल

41. ज़िक्र

(अंखियों के झरोखों से)

जिक्र इस मोहब्बत का जब जुबां पर आएगा
मना चाहो लाख करना मगर तु कर ना पायेगा

रोज मिलना और बातें करना तुमसे ऐ दोस्त,
आंखों से आंखें मिलाकर , तुं मुड़ ना पाएगा,

है तेरे मेरे दरमियां वहुत गहरी बात दिलों की,
खुद से ही झूठ बोलके किसको समझाएगा,

आंखे तेरी बोलती है जुबां से कह नहीं पाता
रोज का तिलमिलाना ज्यादा सह नहीं पाएगा,

'राज' तेरी आवारगी में भी सादगी का ज़िक्र,
बयां कर दे इश्क वर्ना वक्त निकल जाएगा।

✍

@राज ढुल

42. क़यामत

(अंखियों के झरोखों से)

संभला है गिर के वह कुछ अलग हालात रही होगी,
वही बताएगा कयामत कि वह कैसी रात रही होगी

वर्ना कौन मुंह मोड़ता है युं ही दिल के अजीज से,
जरुर इसकी गवाह भी आंखों की बरसात रही होगी,

मोहब्बत का अंजाम चाहे जो भी हुआ अच्छा या बुरा
खंडहर बता रहे हैं कि खूबसूरत शुरुआत रही होगी,

नदिया के किनारे और लहरों के हुलारे भी शामिल है,
ना जाने कहां-कहां कितनी ही मुलाकात रही होगी,

'राज' हमेशा महफूज रखता है खूबसूरत दिलों को,
युं दिल तोड़ने की वज़ह कोई बड़ी बात रही होगी।
✍

@राज ढुल

43. इलाज

45

(अंखियों के झरोखों से)

मेरी तमाम तकलीफों का एक ही इलाज होता है,
सच, जब तकिए की जगह उनका हाथ होता है।

मुसाफ़िर तुम्हें निहारती है ,उनकी आंखें दूर तक,
तन्हा कभी नहीं रहता, एक आईना साथ होता है।

थामा करो तुम भी कभी कभी यूं कुछ देर दोस्तों,
गर्म हथेलियों में ,कई मर्जों का मिज़ाज होता है।

कभी-कभी बिना मंजिलों के भी सफर जरुरी है,
'राज' खोके कुछ पाने का ये गजब रिवाज होता है।

@राज ढुल

44. मेरी रूह

(अंखियों के झरोखों से)

पता कहां था कि मेरी रूह का, इलाज बन जाओगे,
चुपके से बस जाओगे दिल में, यं इतना हमें चाहोगे,

हमने तो बस ऐवें एक मर्तबा तारीफ की थी आपकी,
सोचा नहीं था कि महफिल में हमें लाजवाब बताओगे,

बेशक नहीं आता इस दौर की तारीफों का सलीका,
पर यकीनन हर सुख दुख का गवाह हमें ही बनाओगे,

मेरी किताबों के पन्नो पर, सारी तेरी ही हिदायतें हैं,
'राज' इक इश्क है अधुरा ,कर मुकम्मल कब सताओगे।

राज ढुल

45. अधुरा इश्क़

(अंखियों के झरोखों से)

पता कहां था कि मेरी रूह का, इलाज बन जाओगे,
चुपके से बस जाओगे दिल में, युं इतना हमें चाहोगे,

हमने तो बस ऐवें एक मर्तबा तारीफ की थी आपकी,
सोचा नहीं था कि महफिल में हमें लाजवाब बताओगे,

बेशक नहीं आता इस दौर की तारीफों का सलीका,
पर यकीनन हर सुख दुख का गवाह हमें ही बनाओगे,

मेरी किताबों के पन्नो पर, सारी तेरी ही हिदायतें हैं,
'राज' इक इश्क है अधुरा ,कर मुकम्मल कब सताओगे।

@ राज ढुल

46. हुनर

(अंखियों केझरोखों से)

अल्फाजों के हुनर ने, मुझे कुछ अलग बनाया हैं,
जो मिला दिलबर तेरे सजदे में, वही सजाया है,

होती होगी परियां भी, दिल का कोई माजरा नहीं,
तुम सबसे बढ़के हो मेरे लिए,तभी दिल लगाया है,

चेहरे की ये रोनकें ढल जानी है एक अर्से के बाद,
तभी तो तेरी जवानी के साथ, फोटो खिंचवाया है,

'राज' लिखके तेरा नाम हथेली पर मिटाता है आज भी ,
लगता है मेरी चाहतों पर पहरा अभी भी लगाया है,

@ राज ढुल

47. अलग नज़रिया

(अंखियों के झरोखों से)

तुमने जो मेरे लिए, अलग नजरिया बना रखा है,
बता तो दो, बेवजह, कौन सा वहम बता रखा है,

पास बैठते, गुफ्तगू करते, युं हाल ऐ दिल सुनाते,
फिर देखते, मैंने तेरे लिए,क्या क्या सजा रखा है,

खैर चलो मान लेते हैं, हमसे भी अजीज है कोई,
झांक तो लेते, कि अंदर घर,किसने बना रखा है,

रिमझिम सी बरसात में,भीगे से दिन और रात में,
कभी देखना छुपके, कौन सा साज बजा रखा है,

मेरे चाहने वालों की नसीहत में मेरा नाम ऊपर है,
एक हम हैं कि,जिसने तुमपे ही दाव लगा रखा है,

'राज' मोहब्बत के, सिलसिले जाने पहचाने से हैं,
बता तो इस सल्तनत को कहां -2 फैला रखा है।
✍️

@राज ढुल

48. मशवरा

(अंखियों के झरोखों से)

मैंने एक मशवरा बुजुर्गों का भी मान लिया,
बहुत लंबा है सफर, हाथ उनका थाम लिया,

हुस्न, अदाएं, नखरे, शोखियां सभी उनकी,
अपना तो एक इश्क है, जिसका नाम लिया,

हर लम्हों में बसी है, उनकी यादों की महक,
हम तो मदहोश रहते हैं, जैसे कि जाम लिया,

हुस्न की कसीदे कुछ भी हो महफिलों में,
उनकी झुर्रियों को भी चाहगें, ये जान लिया,

अब मेरी ख्वाहिशे, बगावती नहीं रही 'राज',
जब से उनका साथ, निभाने का काम लिया।

@ राज ढुल

49. आज़माने में

(अंखियों के झरोखों से)

एक वो है जो हर रोज लगे रहे हमें आजमाने में,
और हम हैं कि हद से गुजर गए उनको चाहने में,

राज खोल देते हैं नाजुक आंखों के इशारे अक्सर,
हम जानते हैं बहुत दिन लग गए उनको बताने में,

आजकल मेरे अल्फाज है, जो तुम तक पहुंचते हैं,
वर्ना एक अरसा बीता दिया, तुमने हक जताने में,

ये जो ख़ुश नुमा दिल है इस में बहुत पीर लगी है,
बस ऐसे ही दिल नहीं भरता उनको गले लगाने में,

बे-ताबियों के शहर जैसी खुबसूरत है यह जिंदगी,
तेरी मोहब्बत आड़े आ जाती है तुम्हें समझाने में,

तुम हो मेरे दिल में,मुझे बस पागलपन जी लेने दो,
'राज' ये जिंदगी लग जाती है अपनो को मनाने में।

@राज ढुल

50.

(अंखियों के झरोखों से)

एक वो है जो हर रोज लगे रहे हमें आजमाने में,
और हम हैं कि हद से गुजर गए उनको चाहने में,

राज खोल देते हैं नाजुक आंखों के इशारे अक्सर,
हम जानते हैं बहुत दिन लग गए उनको बताने में,

आजकल मेरे अल्फाज है, जो तुम तक पहुंचते हैं,
वर्ना एक अरसा बीता दिया, तुमने हक जताने में,

ये जो ख़ुश नुमा दिल है इस में बहुत पीर लगी है,
बस ऐसे ही दिल नहीं भरता उनको गले लगाने में,

बे-ताबियों के शहर जैसी खुबसूरत है यह जिंदगी,
तेरी मोहब्बत आड़े आ जाती है तुम्हें समझाने में,

तुम हो मेरे दिल में,मुझे बस पागलपन जी लेने दो,
'राज' ये जिंदगी लग जाती है अपनो को मनाने में।

@राज ढुल

51. इतरा के

(अंखियों के झरोखों से)

बहुत सी अदाएं है तुझमें, जो एतरा के चलते हो,
जुल्फों पे फिदा है हम, जो बिखरा के चलते हो।

तेरी आंखें गवाह है कि आदत सी हो गई मुझे,
दिल तेरा भी फितूर में है,जो सुलगा के जलते हो।

ना दर्द की परवाह हमें, ना लबों पे आह होती है,
ये दीवानापन मेरा है,तुम क्यों जमाने से डरते हो।

युं चंद मुलाकातों में, कैसे संभल पाएगा ये दिल,
मेरी रूह का ज़र्रा ज़र्रा,क्यों तुम जख्मी करते हो।

छू जाएंगे हर गहराई को,अगर बैठा लिया दिल में,
कहां तलाशे खुद को "राज़" बेहाल जो करते हो।

राज़ ढुल

52. हर बार

(अँखियौ के झरोकों से)

🦚 🦚 🦚

गुफ्तगु मौहबत मे तुमको हर बार चाहिए,
महकश जिंदादिल है तो इश्क फरमाइए।

है मायुशी कैसी इस रंगीन से जहांन मे,
मिलते रहिये तनिक,जरा सा मुसकुराईये।

खैर हुआ तो नही वक्त किसी का कभी,
पर चलते चलते राह में कुछ गुनगुनाईये।

काम का ये दौर चलता रहेगा दोस्तों,
युं वक्त बे-वक्त महफिल जरूर सजाईये।

नामुमकिन नही एक झट से पाना उसे,
चुपके चुपके उसके दिल मे उतर जाईये।

कभी अपने हम से रुठे ना सदा के लिए,
"राज' जरा उनको भी तहदिल से मनाईये।

✍️

@राज ढुल

53. क़िस्से सुनाता हूँ

(अंखियों के झरोखों से)

मोहब्बत के किस्से सुनाता हूं मैं,
    दिल की बात बताता हूं मैं,

शायर जरा बदनाम सा हूं पर,
    हकीकत बयान कराता हूं मैं,

उम्र का तकाजा जो भी हो,
    इश्कबाज सबको बताता हूं मैं,

चुप से हैं नादान ये दिल कुछ,
    महफिल दिलों में उनके सजाता हूं मैं,

जो यह कहे शराफत में हैं हम,
    राज उनके भी उगलवाता हूं मैं,

जिंदादिल हो तो आबाद है जिंदगी
    सबको पाठ् यही "राज" पढाता हूं मैं।

@राज ढुल

54. नज़र भरके

(अंखियों के झरोखों से)
======᠁ᠬ======

नजर भर देखता भी है क्या मुझ को,
या वैसे ही तुम उम्मीद लगाए बैठे हो

कुछ भरोसा भी है क्या उसपे तुम को,
या बस वैसे ही खुद को भुलाए बैठे हो

आजकल वक्त बेरूखा सा है फिर भी,
उसके सपने आंखों में सजाए बैठे हो।

बाकी नहीं है कुछ भी सोचने को शायद,
उसका एहसास दिल में दबाए बैठे हो।

वो लम्हा होगा खास जब वो होगा पास,
'राज' ख़ुदा से यही अरदास बताए बैठे हो।

@राज ढुल

55. ज़ुबान बोलता है

57

(अंखियों के झरोखों से)

जनाब ना जाने किस किस की जुबां बोलता है वो,
कदर इस आजकल लफ्जों को बड़ा तोलता है वो,

सुनो कभी जब माना ही नहीं उसने हमको अपना,
मगर क्यों गुफ्तगू कहीं और करने से रोकता है वो,

वो जानता है कि मुमकिन नहीं तूफां से टकराना,
फिर क्यों बेवजह हवाओं का रुख मोड़ता है वो,

लाख चाहा इस दिल ने कि अपना लेते हैं उसको,
लेकिन जाने क्यों बात बात पर रुख तोड़ता है वो,

'राज' तुमको हराने की अजब सी तलब है उसमें,
शायद यही वजह है,जो गैरों से रिश्ते जोड़ता है वो।
✍

@राज ढुल,

56. दोगला

(अंखियों के झरोखों से)

ऐ शख्स तु सुन तो जरा, दुसरों को दोगला बताते वाले,
अपनी औकात में भी झांक, बैफिजुल हक जताने वाले,

नाच ना जाने आंगन टेढ़ा सा, हाल होता तेरा हर बात पे,
संभलजा जरा बेवजह,बेगानों को अपशब्द सुनाने वाले,

अगल बगल में हर कोई जानता है, हर किसी के बारे में,
हर मोड़ पे यूं ही ठगे जाते हैं, दूसरों को मूर्ख बनाने वाले,

हर कोई होता है,अपनों के लिए हशीन ये दिखावा कैसा,
है हर मुस्कुराहट खोखली तेरी,बेवक्त मुस्कराने वाले ,

'राज' मिल जाती है सिकत उन्हें, हर मोड़, हर पडांव पे,
सोचो कितने बदनाम है वो, दूसरों पे उंगली उठाने वाले।

@राज ढुल

57. गहरे रिश्ते

(अंखियों के झरोखों से)

अकेला समझ, हजार इल्जाम मेरे खिलाफ जड़ें होते हैं,
ऐसे कुछ गहरे रिश्ते हैं, जो हमेशा मेरे साथ खड़े होते हैं,

मुझे देख लेने की, तेरी धमकी का असर नहीं है मुझ पे,
कुछ हौसले इस कदर बुलंद, तन्हाइयों में ही बड़े होते हैं,

न किसी रंग से रंगीन, न किसी जाम ने किया मदहोश,
एक झलक आपकी देख, सच में होश मेरे उड़े होते हैं,

हां, सांसे थम सी जाती है, जब बात जुदा होने की आऐ,
सच है ये कमजोरी, मेरे सांस तेरे सांसों से जुड़े होते हैं,

'राज' हादसों की जिद से, मुस्कुराना छोड़ दें मंजूर नहीं,
मोहब्बत के आगे तो, दुश्मन भी नतमस्तक पड़े होते हैं।

@राज ढुल

58. इशकबाज

(अंखियों के झरोखों से)

मोहब्बत के किस्से सुनाता हूं मैं,
दिल की बात बताता हूं मैं,

शायर जरा बदनाम सा हूं पर,
हकीकत बयान कराता हूं मैं,

उम्र का तकाजा जो भी हो,
इश्कबाज सबको बताता हूं मैं,

चुप से हैं नादान ये दिल कुछ,
महफिल दिलों में उनके सजाता हूं मैं,

जो यह कहे शराफत में हैं हम,
राज उनके भी उगलवाता हूं मैं,

जिंदादिल हो तो आबाद है जिंदगी
सबको पाठ् यही "राज" पढाता हूं मैं।

@राज ढुल

59. खिलौना

(अंखियों के झरोखों से)

□

बिना खिलौनों के अपना बचपन गुजारा है क्या,
कमो - पेशी में कभी अपने मन को मारा है क्या,

कजरारे नैनों की धुंधली सी ओंस में वो झलक,
कभी ऐसी सुंदरता को करीब से निहारा है क्या,

जब कभी देखा नया साइकिल खड़ा दहलीज पे,
अकसर नादान पुछता था पापा ये हमारा है क्या,

आरजू, अरमान, वादों को इस तरह ख्याल रखा,
यूं मोहब्बत के साथ हया को भी संभाला है क्या,

जो फ़ना हुं तेरी चाहत में तो गुरूर कैसा सनम,
"राज" असर तेरे इश्क़ का, हुनर हमारा है क्या।

✍️

@राज ढुल,

60. चाहत की उदासी

(अंखियों के झरोखों से)

कैसे दूर करें चाहत की उदासी बताया है कभी,
लगा के सिने से उसे मोहब्बत मे रुलाया है कभी,

नादान बताते नही अपने दिल की हर बात तुझे,
जुल्फ सहलाकर अपनी गोद में सुलाया है कभी,

उसे पतझड़ सी जिंदगी में तलाश बारिश की है,
भीगते बदन को सावन में झूला झुलाया है कभी,

वो उदास आंखें जुल्फों के साए से निहारती तुझे,
रूठने पर आशिकी को दिल से मनाया है कभी,

जगमगाने की चाहत तो रखते हो सारे जमाने की,
एक दीया मोहब्बत वाला घर में जलाया है कभी,

'राज' वो यूं तेरी दोस्ती का दम भरता है हरदम,
फुर्सत में पूछना मुसीबत में साथ निभाया है कभी!

@राज ढुल

61. मोहब्बत जुर्म

(अंखियों के झरोखों से)

मोहब्बत पर जब भी जुर्म कोई ढाते होंगे,
इश्क की रुह के रोंगटे तब कांप जाते होंगे,

तन्हाइयों का आलम सुना सा लगता होगा,
इस दरमियां कुछ दिल जरुर हार जाते होंगे,

टूटने से ना मिला है कभी मंजिलों का सुराग,
कैसे वो टूटे दिल खुद को फिर से मनाते होंगे,

होता होगा जब कभी पुराने शहर में आना,
फिर मिलने का एक नया बहाना बनाते होंगे,

तुमको खोजने हर रोज सुबह निकलते हैं वो,
तेरे ना मिलने पर दिल को कैसे समझाते होंगे,

बड़ा मुश्किल है बहुत वक्त से यूं लड़ना "राज"
रफ्ता रफ्ता हर कोई बस आगे बढ़ जाते होंगे।

@राज ढुल

62. इश्क़ क़र्ज़ जैसा

(अंखियों के झरोखों से)

एक बार चढ़ जाए तो उतरता नहीं,
यह इश्क भी गरीब के कर्ज जैसा है,

तुम चाहे जो भी मानो ये तुम्हारी बात,
तेरा ख्याल रखना मेरे फर्ज जैसा है,

ख्याल तो अच्छा है तेरा मुझे पाने का,
पर मेरे लिए मोहब्बत में ये हर्ज जैसा है,

तुम बता नहीं रहे अपने दर्द ऐ दिल को,
यार तेरे चेहरे पे नुर कुछ मर्ज जैसा है,

पढ़े है चाहत के मिजाज किताब की तरह,
हुनर हमारा भी हर गाने की तर्ज जैसा है,

'राज' फुर्सत में आईए कभी महफिल में,
घाटी में घरौंदा हमारा एक स्वर्ग जैसा है।

@राज ढुल

63. कुछ ख़्वाब कुछ हम

(अंखियों के झरोखों से)

आधे से कुछ ज्यादा, पूरे से कुछ कम,
है कुछ ख्वाब, कुछ जिंदगी, कुछ हम,

हमारी आंखों में झांकना कभी गोर से,
पलकें कोशिश में है चुराने को तेरे गम,

ये नजरिया तुम्हारा तुम क्या सोचते हो,
पर यह दिल तेरे नाम का भरता है दम,

शिरकत तुम हमारी महफिल में करना,
वादा है मोहब्बत में तभी से जाओगे रम,

'राज' भले गिनाएं कमियां जमाना तेरी,
तेरी चाहत में गिरफ्तार रहेंगे सदा हम।

@राज ढुल

64. जमाने के तजुर्बे

(अंखियों के झरोखों से)

जमाने के तजुर्बे हैं, कुछ बात बता देते हैं,
ऐ मोहब्बत कहो तो, तुम्हें राह दिखा देते हैं,

माना कि तुम बहुत कम जानते हो हमको,
हैं बड़े दिलकश , सोए एहसास जगा देते हैं,

रखा क्या है जहान में बता मौहबत के शिवा,
ये आशिक हि है जो,नया घरौंदा बसा लेते हैं,

आंखों को ये सिखा पाओ, तो अच्छा ही है,
अपनो की भीड़ में ही, कुछ लोग दगा देते हैं,

कई कहानियों में किरदार निभाऐ हैं हमने,
रसुकदार ही गलतफहमियों को हवा देते हैं,

'राज' मान सके तो नसीहत मान लेना मेरी,
हम शायर हकीम, मुस्कुराने की दवा देते हैं।

@राज ढुल

65. दिल की बात पर

(अंखियों के झरोखों से)
+++++@+++++

इश्क़ में कुछ ख्यालात,यूं ही जगायेंगे रात भर,
अगर तुम गौर ना फरमाएंगें, दिल की बात पर,

माना नादान है वो बेशक, पर ख्वाहिशें तो है,
नर्म इतना कि, वो रो पड़ता है हर आघात पर,

हर पल एक ही ख्वाब बेचैन कर जाऐगा कैसे,
करवटों को पडा रहना सिलवटों के हाल पर,

यार साफ निगाहें, मदमस्त रुतबा होना चाहिए,
इतना भी क्या इतराना, चार दिन के ठाठ पर,

'राज' याद बहुत करते हैं वो तुम्हे हर बहाने से,
रंगे है तेरे ही रंग में, बात नहीं करते औकात पर।

✍️

@राज ढुल

66. इश्क़ कहलाता है

(अंखियों के झरोखों से)

इश्क़ करके तौहीन ना हो,
होश में आके मदहोश होना,
हर पल दिल उसको चाहता है,
शायद यही इश्क कहलाता है......

ना उम्र का तकाजा,
ना दुनियादारी की फिक्र,
हर गजल में उसका ही जिक्र,
ये सभी माहौल कुछ खास बनाता है,
शायद यही इश्क कहलाता है......

दिल कुछ बताना चाहे,
उसकी जुबान छुपाना चाहे,
पर आंखें पलके झुकाना चाहे,
यह मीठा सा एहसास बहुत सताता है,
शायद यही इश्क कहलाता है.......

उसको छुने का मन,
आंखों से समझने का भ्रम,
इस दिल पर मोहब्बत का कर्म,
यह उसके लगाओ को खास बनाता है,
शायद यही इश्क कहलाता है........

बहाना बतयाने का,
हक अपना पन जताने का,
उसका अंदर ही अंदर मुस्कुराने का,
इन अदाओं का हुनर कुछ बताता है,
शायद यही इश्क कहलाता है........
✍

@राज ढुल

67. कुछ ओर बात होती

(अंखियों के झरोखों से)

⚙

कसम मोहब्बत की तु खाता तो कुछ और बात होती,
दिल मे आंखों के रस्ते आता तो कुछ और बात होती,

कभी मायूस चेहरों पे जिंदादिली कहां झलकती है दोस्त,
जुनून से अपने आसमां झुकाता तो कुछ और बात होती,

ता उम्र साथ निभाना यह किसके बस की बात है साकी,
यूं मेरे कदमों से कदम मिलाता तो कुछ और बात होती,

होने को अकेला कब हो जाए बहती दरिया सी जिंदगी में,
हवाओं के विरूद साथ निभाता तो कुछ और बात होती,

रहगुज़र कशमोकश में जो आज छेड़ा है दिल के तार को,
'राज' आगोश में लेके सहलाता तो कुछ और बात होती।
✍

@राज ढुल

68. बेपनाह मौहबत

(अंखियों के झरोखों से)

तुमने बेपनाह मोहब्बत की सजा पाई है क्या,
बैगर हासिल किए वैसे ही नींद लुटाई है क्या,

जुस्तजू दिल में हर लम्हा आपने रखी होगी,
आरज़ू में उसकी रातों की नींद उड़ाई है क्या,

बंधन तो साहिल और लहरों जैसा ही हो मगर,
एक दुझे को छुके यारी सागर से बनाई है क्या,

बहुत ख़ामोश होकर, तुम उन्हें ही देखते हो,
अदब से उनको कभी ये बात बताई है क्या,

ख्याल भर से,फिजा का रंगीन हो जाना 'राज'
महज इत्तफाक नही,युं आंखें मिलाई है क्या।
✍️

@राज ढुल

69. दिल मक़ाम

(अंखियों के झरोखों से)

जगह ओर खाली नहीं है अब, दिल के मकान में,
लिखी मोहब्बतें झलक जाती हैमेरे हर कलाम से,

दिल के ताक में रखी है महफुज हशरतें आज भी,
करता रहता ताजा उनको, हर रोज़ तेरे सलाम से,

पत्तियां बारिश के पानी को बूंद बूंद रिहा करें जैसे,
बामुश्किल निकला है दिल तेरी यादों के मलाल से,

मुझे मंजूर आज भी है तेरा हर बात पे मुकर जाना,
राहों में आज भी खड़े हैं दोस्ती में होकर नीलाम से,

लापरवाह सी नजर की परवाह कर बैठे हो शायद,
'राज' निभाता रह ये जंग जीतोगे नहीं इंतकाम से।

@राज ढुल

70. इतना मुझे चाहोगे

(अंखियों के झरोखों से)

पता कहां था कि मेरी रूह का, इलाज बन जाओगे,
चुपके से बस जाओगे दिल में, युं इतना हमें चाहोगे,

हमने तो बस ऐवें एक मर्तबा तारीफ की थी आपकी,
सोचा नहीं था कि महफिल में हमें लाजवाब बताओगे,

बेशक नहीं आता इस दौर की तारीफों का सलीका,
पर यकीनन हर सुख दुख का गवाह हमें ही बनाओगे,

मेरी किताबों के पन्नो पर, सारी तेरी ही हिदायतें हैं,
'राज' इक इश्क है अधुरा ,कर मुकम्मल कब सताओगे।

राज ढुल

71. ग़ुस्ताख़ आँखें

(अंखियों के झरोखों से)

मेरी गुस्ताख सी आंखे जब भी तुमसे मिलाता हुं,
रब दी सों दिल से रूह तक अजब सुकुन पाता हुं,

कुछ कहना चाहतीं हैं हर बार आंखें आपकी,
फिर सारी जोड़ घटा इन आंखों को समझाता हूं,

माना कि चुप रहने में माहिर है ये ख़ुबसूरत आंखें,
हर बार ख़ामोशी के मायने दिल को बताता हुं,

यार दिल की जुबां आंखों को जरुर बोलनी चाहिए,
उम्र की दहलीज पे खूबसूरती का एहसास कराता हूं,

कैसे संभलते हो जब रात को उठाए हिचकियां मेरी,
लेकिन इस दरमियां इन आंखों को बहुत जगाता हूं,

"राज" अबकी बार चलो चाय पे इजहार कर लेते हैं,
चाहत भरी तेरी आंखों का चलो इकरार लौटाता हूं,
✍

@राज ढुल

72. अधिरी बातें

(अंखियों के झरोखों से)

दिल की अधूरी बातें अक्सर बतानी चाहिए,
गर मोहब्बत है तुमको जरुर जतानी चाहिए,

बस ये यूं ही गुजर जाएंगे पढ़ाव मंजिलों के,
जिंदादिली रखिए गर हर पल जवानी चाहिए,

महकदे में मयकश महफिलों का दौर है यहां,
है मकसद कोई तेरा तो एक कहानी चाहिए,

माना कि गिरा दोगे मुझे जमाने की नजरों में,
इस जज्बे के लिए भी ज़िगर रुहानी चाहिए,

वो गले मिलकर चुभो जाते हैं कांटा पिठ पर,
उनके हौसलों की दाद भी यार दिलानी चाहिए,

'राज' कब बोला कि ऐ दिल तुम्हारा नहीं हुं मैं,
ये हक जताने के लिए भी बैठक बुलानी चाहिए,
✍

@राज ढुल

73. हिचकीयां

(अंखियों के झरोखों से)

❀

याद बहुत करता हूं तुम्हें, जो हिचकियां आती है,
युं ही मेरे दिल की आहट, तेरे दिल तक जाती है,

सुबह से लेकर शाम, फतुर तेरा ही छाया रहता है,
ये दरिया दिली कसम से,तुझे आज भी बुलाती है,

किसी की उम्र पे जाना,सरासर तोहीन ए इश्क है,
वो मोहब्बत की पुरानी शाम,मुझे बहुत सताती है,

भले ही तेरी चर्चाओं के रुतबे,बहुत आलीशान हो,
अपनी एक कप चाय की याद, अभी भी आती है,

मशहूर नहीं है हम महफिल में, तेरे नाम की तरह,
हर ग़ज़ल पे तालियां,मगर मेरी पहचान कराती है,

'राज' जुनून है, मेरे हौसलों के दरमियां दोस्ती का,
मेरी कलम आज भी, तेरे दिल का पता बताती है।

✍

@ राज ढुल

74. दिल बेंचैन

(अंखियों के झरोखों से)

कुछ युं दिल से बेचैन होता जा रहा हूं,
जिधर देखता हूं तुमको ही पा रहा हूं,

कभी सूखी जमीन सी हस्ती थी मेरी,
देखो मैं आज बेबाक बरसा जा रहा हूं,

किसी दिन हम इतफाकन हीं मिलेंगे,
आज फिर पुराने ख्वाब दौहरा रहा हूं,

ये उनका शरारत का नया अंदाज होगा,
मैं शायद युं ही बेवजह घबरा रहा हूं,

किसे परवाह है अब मंजिलें पाने की,
मोहब्बतों के सफर पर मैं जा रहा हूं,

करे बेबस कई रोज से हिचकियां 'राज',
तसल्ली है कि उन्हें मैं ज्यादा याद रहा हूं,

@ राज ढुल

75. जीत का क़िस्सा

(अंखियों के झरोखों से)

जीत का किस्सा,
    मुझे सुनाया ना करो,

होशियारी के पाठ,
    मुझे पढ़ाया ना करो,

दुनियादारी के पेंच,
    मुझे सिखाया ना करो,

ख्वाबों के महल,
    मुझे दिखाया ना करो,

सपनों के पंख,
    मेरे लगाया ना करो,

रिश्तों के गणित,
    मुझे समझाया ना करो,

नातों के वाणिज्य,
    मुझे सुझाया ना करो,

भीड़ का हिस्सा,

मुझे बनाया ना करो,

मैं हुं आशिक तेरा,
      मुझे सताया ना करो।

✍@राज ढुल

76. लहजा बदल के

(अंखियों के झरोखों से)

तुम कभी अपना भी लहजा बदल के देखो,
और कभी पढ़के शेयर मेरी गजल के देखो,

बिखरा ना करो तुम मेरी हर बात पे दोस्त,
कभी तो अपने से आगे निकल के देखो,

लाजमी है परिंदों को मोहब्बत तुम से हो,
बरसात की मस्ती में तुम बिफर के देखो,

कह जाते है खामौशी से हर बात इशारों में,
इतने हौसले बुलंद उस की नजर के देखो,

'राज' है मुश्किल बहुत मेरी नज़रों से बचना,
एक रोज मेरी खातिर तुम निखर के देखो,

@राज ढुल

77. मुझे आवाज़ दे

(अंखियों के झरोखों से)

मैंने कब कहा कि मुझे, मोहब्बत से नवाज दे,
आज उदास है दिल, बस तु मुझे आवाज़ दे,

माना शायर हूँ खताएँ तो,मुझसे भी हुई होंगी,
पर जरूरी नहीं हर बार,मेरी कलम हिसाब दे,

ये उल्फत की बात है,जरा सलीके से कीजिए,
मेरी ही आवारगी, हर कदम पे क्यों जवाब दे,

दिल में हो तुम और, हर बात में जिक्र तुम्हारा,
इन आँखों की तमन्ना है, हर लम्हा तु दीदार दे,

तेरी रूह से मेरी रूह का, ऐसा रिश्ता है "राज",
जैसे ज़हान में खुशबू, हर किसी को गुलाब दे,

@राज ढुल

78. लगे आज़माने में

(अंखियों के झरोखों से)

एक वो है जो हर रोज लगे रहे हमें आजमाने में,
और हम हैं कि हद से गुजर गए उनको चाहने में,

राज खोल देते हैं नाजुक आंखों के इशारे अक्सर,
हम जानते हैं बहुत दिन लग गए उनको बताने में,

आजकल मेरे अल्फाज है, जो तुम तक पहुंचते हैं,
वर्ना एक अरसा बीता दिया, तुमने हक जताने में,

ये जो ख़ुश नुमा दिल है इस में बहुत पीर लगी है,
बस ऐसे ही दिल नहीं भरता उनको गले लगाने में,

बे-ताबियों के शहर जैसी खुबसूरत है यह जिंदगी,
तेरी मोहब्बत आड़े आ जाती है तुम्हें समझाने में,

तुम हो मेरे दिल में,मुझे बस पागलपन जी लेने दो,
'राज' ये जिंदगी लग जाती है अपनो को मनाने में।

@राज ढुल

79. कहानी याद आई

(अंखियों के झरोखों से)

बरसात की इन भिगी रातों में, एक कहानी याद आयी,
कुछ बीता हुआ जमाना,कुछ वो तेरी जवानी याद आयी,

जब पलटे चंद पन्ने किताब के,अंश मिले सूखे गुलाब के,
अपनी दरिया सी मोहब्बत की, दास्तां पुरानी याद आयी,

चंद कदम साथ चलकर करना गहरी गुफ्तगू ,
'राज' भूली बिसरी वो मुलाकात जुबानी याद आयी,

✍

@राज ढुल

80. वक़्त के वार

(अंखियों के झरोखों से)

कुछ अजीबो गरीब से,वक्त के भी वार होते हैं,
आखिर कातिल वही है,जो शिकार ढोते हैं,

उस जिगरी ने ही हराया है,मुझे पनाह दे कर,
जख्मी भी मिले वही, जिस के हथियार होते हैं,

वो जो बनके हकीम, करता रहा इलाज ऐ दिल,
पता लगा है कि, उसकी दवा से बीमार होते हैं,

कुछ हिसाब किताब जिंदगी का,यही बताता है,
एक सोच की वजह से ही, लोग लाचार होते हैं,

जिंदगी सफर है, कई मोड़ मिल ही जाते हैं,
"राज" जरूरी नहीं मिले वही, जो प्यार होते है।

@राज ढुल

81. कुछ ऐसे निभाना

(अंखियों के झरोखों से)

मोहब्बत की रिवायत को, हमें कुछ ऐसे हैं निभाना,
कभी हम याद आ जाएंगे, कभी तुम याद आ जाना,

ख़फा नहीं होने देंगे दिलों को कभी एक दूसरे से हम,
कभी मै मुस्कुरा दुंगा, आके कभी तुम मुस्कुरा जाना,

जमाना कुछ भी कहे,कहने दो ये आदत है ना उसकी,
हमारा दिल तो हमेशा चाहे,तुम क्या चाहते हो बताना,

जरुर हसरतें करो पुरी गर शरारत का मन हो तुम्हारा,
अचानक रूठ जाऐं तो, मैं भी मनाऊंगां तु भी मनाना,

मेरे इश्क़ से जुड़के देख, मिलूंगा वही तुम मुडके देख,
दरमियां मिटाके फांसले 'राज' हक बेहिसाब जताना।

@राज ढुल

82. ऐतरा के चलते हैं

(अंखियों के झरोखों से)

बहुत सी अदाएं है तुझमें, जो एतरा के चलते हो,
जुल्फों पे फिदा है हम, जो बिखरा के चलते हो।

तेरी आंखें गवाह है कि आदत सी हो गई मुझे,
दिल तेरा भी फितूर में है,जो सुलगा के जलते हो।

ना दर्द की परवाह हमें, ना लबों पे आह होती है,
ये दीवानापन मेरा है,तुम क्यों जमाने से डरते हो।

युं चंद मुलाकातों में, कैसे संभल पाएगा ये दिल,
मेरी रूह का ज़र्रा ज़र्रा,क्यों तुम जख्मी करते हो।

छू जाएंगे हर गहराई को,अगर बैठा लिया दिल में,
कहां तलाशे खुद को "राज़" बेहाल जो करते हो।

राज़ ढुल

83. कहानी लिखना

अंखियों के झरोखों से

खुदा अब जो भी कहानी लिखना,
बचपन की लंबी वो रवानी लिखना,

ज्यादा उम्र की चाहत नहीं है यारों ,
बस एक खूबसूरत जवानी लिखना,

कम हो या ज्यादा होते नहीं मायने,
पर समंदर में भी मीठा पानी देखना,

शतरंज जैसी मोहब्बत अगर मिले,
ऐसे खूबसूरत सफर में रानी लिखना,

'राज' ना हो शिकवे किसी से कभी,
यारी ऐसे दोस्तों की सुहानी लिखना।

@राज ढुल

84. खो गए हैं

अंखियों के झरोखों से

ख्वाहिश तो बेहिसाब हो गई है,
पर रहनुमाई यार कहीं खो गई है,

फासले इतने बड़ गये शहर के तेरे,
मंजिलें भी अब हम से दूर हो गई है,

जिम्मेदारियां जब से ज्यादा ली है,
ये दुश्मनी अपनों से ही हो गई है,

असूल कायदा धरे रह गए उनके,
जब से कलम उसकी दौड़ रही है,

मोहब्बत तुम तो कभी गुफ्तगू कर,
क्यों मुख मौसम सा तु मोड़ गई है,

'राज' ना लड़ चुप ही रहना अच्छा,
मौका ऐ नजाकत समझ बड़ी है।

@राज ढुल

85. नेक काम

अंखियों के झरोखों से

यह नेक काम यार करके दिखा दे,
युं तु मेरे दिल में उतर के दिखा दे,

मोहब्बत तो यूं ही बदनाम बड़ी है,
तू जरा गिर के संभल के दिखा दे,

इतराके झुठी तरक्की क्या हासिल,
आईने के सामने मुस्कुरा के दिखा दे,

गलतफहमी का यह शिकार आदमी,
हर चाहत को अपना बना कर दिखा दे,

मौसम के मिजाज और हवा के झोंके,
कैद अपने दिल में तो करके दिखा दे,

नकली सी होठों पर मुस्कान किसकी,
'राज' खुद से सवाल ये करके दिखा दे।

@राज ढुल

86. हिसाब

अंखियों के झरोखों से

अगर दिल्लगी है तो तुम्हें आना चाहिए,
पर इतना तो एहसान भी जताना चाहिए,

तेरे चाहने वाले की जिंदगी बदल गई,
उस बेबसी का आलम तो बताना चाहिए,

दिल में उम्मीद की समा जला रखी है,
पलकों पर ये ख्वाब तो सजाना चाहिए,

ग़र इश्क किया है तो चाहत जरूरी है,
बहाने से ही सही रस्म को निभाना चाहिए,

'राज' मेरे खत तुमने जलाऐ नहीं अभी,
जरा हिसाब उनका भी तो बताना चाहिए।
✍

@राज ढुल

87. मुलाक़ात को तरसे

अंखियों के झरोखों से

मेरे साथ को तरसे मेरी बात को तरसे,
पास होकर भी एक मुलाकात को तरसे,

हौसलों की उड़ान उड़ने दो दिल को यार,
खुल के जिए शायद तुम्हें हो गए अरसे,

 ये तालुकात गहरा है जो खत्म नहीं होता,
हमने देखा तुमसे कई बार किनारा करके,

एक बात है गहरी झील सी आंखों में तेरी,
जो हर बार बुला लेती मुझे इशारा करके,

बैठो सामने बताएं फिकर कितनी है 'राज',
नजरे नजर उतारे तेरे चेहरे का नजारा करके।
✍
@राज ढुल

88. तडफ

अंखियों के झरोखों से

इधर तड़प है यार कि वो मेरे पास नहीं,
पर उधर वो कहते हैं कि कोई बात नहीं,

मिलके मोहब्बत की करी शुरुआत हमने,
अब कहते दिन को दिन रात को रात नहीं,

आसान नहीं है डगर इतनी तेज चले हो,
मेरे साथ से बढ़कर सारी कायनात नहीं,

जब जी चाहे मुड़कर यूं देख लेना जरूर,
हमसे ज्यादा मिलेगा कोई पास नहीं,

कोमल फूलों का मौसम में मुरझा जाना,
'राज' कुछ कमी से जीने की आश नहीं ।

@राज ढुल

89. ग़ुस्ताख़ी माफ

अंखियों के झरोखों से

ये नजरे जब उन नजरों को देखें,
हो नजरों की गुस्ताखी माफ,
क्योंकि इन नजरों के नजरानों में,
रब की सॉ दूर तक आप ही आप ....

गर निहारें ये नजर खूबसूरती,
इन जोहरी नजरों की खता क्या,
तुम्हारी नजरे खुदा की नेमत,
हमारी नजरों की है नियत साफ ....

चलो नजरों को नजर के सामने बिठाते हैं,
कातिलाना दोनों नजरे बैठे साथ-साथ,
फैसला महफिल देगी कातिल का,
गुनहगार इस नशे का मैं हूं कि आप ....

और नजराना दिल का नजर से देंगे,
होने देना जो होगा नजरों के साथ,
'राज' डूबते वक्त इतनी गहराई में,
कोई नहीं होना चाहिए आस पास.........

@राज ढुल

90. बेरंग जमाने

अंखियों के झरोखों से

तुम इजाजत दो ख्यालात बताने हैं,
इस रंगीन जहां में भी बेरंग जमाने हैं,

तुम फैसला कर अपने आप मेरे दोस्त,
कौन से ख्वाब जिताने हैं और हराने हैं,

जुनून और मोहब्बत में फैसले रखना,
नाकामियों के होते बहुत से बहाने हैं,

हम मिले तो पुराने लम्हों के साथ मिलें,
बीते नीरस लम्हे हमने फिर से हंसाने हैं,

तरक्की पर वो तेरी कभी इतराते नहीं,
मिलके परखेंगे बस कैसे रोड़े अटकाने हैं,

'राज' मस्ती से जी हर एक वजह है खास,
ये पेड़ फूल कलियां खुशियों के खजाने हैं।

@राज ढुल

91. बहुत हैं चाहने वाले

अंखियों के झरोखों से

बहुत है मेरे चाहने वाले जमाने में,
वक्त लगा मुझे यह समझ पाने में,

कुछ ने तो इस कदर चाहा है मुझे,
दिन रात लगे दिये हैं मुझे हराने में,

सजग ना रहते तो बिखेर देते घरौंदा,
एक लम्बा लगा जिसे बनाने में,

वक्त रहते निकल जाना महफिल से,
देर नहीं लगाएंगे किरकिरी कराने में,

आखिर साथ निभाएंगे वही तेरा 'राज'
दिल से लगा है तू जिसको हंसाने में।

✍️

@राज ढुल

92. मेल लगा दो

अंखियों के झरोखों से

हिफाजत कहती है मेरा कोई मोल लगा दो,
महफूज कर मुझको जतन कुछ भी करा दो,

अंधेरी सी छांव में सुनसान गलियों से,
निकालूं कभी भी हर वक्त रोशन बना दो,

महसूस करु मैं आजाद उन्मुक्त गगन सा,
यकीन दिलाकर मेरा यह डर लगा दो,

हो मोहल्ले की बेटियां या किसी गलियारे की,
हर कोई अपना सा माने ऐसा माहौल बना दो,

सिलवटें कैसी भी हो, हो मौसम जैसे भी,
'राज' रहूं तरो ताजा जीने का ये हक दिला दो।

@राज ढुल

93. सताती तो है

अंखियों के झरोखों से

तेरी याद इस दिल को बहुत सताती तो है,
बेवक्त हिचकियां आकर यह बताती तो है,

यह बात अलग है मिले नहीं एक अरसे से,
ये वाजिब वजह एक हक जताती तो है,

वो गीत तेरे ही है बस कुछ अल्फाज मेरे,
सुबक-सुबक के नींद गहरी आती तो है,

हो सके तो कहीं से तुम उड़ के आ जाओ,
सुखी रुह मेरी रातों- रात जागती तो है,

धूप मेरी पर वो तेरी छांव के हर सितम,
'राज' आवाज तेरी कान में गुनगुनाती तो है!

@राज ढुल

94. असली चेहरा

अंखियों के झरोखों से

उसका असली चेहरा सामने आया,
जब हम उस के काम के ना थे,

उसने सारे अक्षर छिने मुझ से,
वो भी जो उस के नाम के ना थे,

नफरत इतनी की तोड़े प्याले उसने,
सारे वो जो उस के जाम के ना थे,

दिल ने दिल से की बस दुश्वारियां,
सुकून वो छिने जो हराम के ना थे,

आखिर में साथ वो निभा गए दोस्त,
'राज' सिक्के खोटे जो दाम के ना थे।

✍️

@राज ढुल

95. हवा

अंखियों के झरोखों से

एहसास मुझे पल पल तेरा करती है,
न जाने यह हवा किधर से आती है,

कितने अर्से बीते तेरी जुदाई में,
फिर भी हर पल तेरी याद सताती है

मौसम बदले बदले रुख हवाओं ने,
जो ना बदला दिल धड़कन बताती है,

'राज' आजा कहीं से जोड़ के रास्ता,
बे-फुर्सत जिंदगी यूं ही गुजर जाती है।

@राज ढुल

96. एतबार करें

अंखियों के झरोखों से

यार बता तो जरा कैसे तुम पर एतबार करें,
तुम करो हर पल जफा, कैसे हम प्यार करें,

फिदा है हर पल तेरी अदाओं पर हमदम,
तुम मुड़ के कभी देखा और हम इंतजार करें,

अब तो बता दो जरा ये सिलसिला है कैसा,
हम रुक जाए कहीं पे या यूं ही बेकरार करें,

'राज' सफर है कुछ ज़्यादा टेढ़ा- मेढ़ा सा,
किसी मोड़ पर रुक के जरा इंतजार करें।

✍

@राज ढुल

97. अल्फ़ाज़ बिकते हैं

अंखियों के झरोखों से

सुर्खियों में रहकर उनके अल्फाज बिकते हैं,
जहां जाएं, उधर मौसम बे हिसाब दिखते हैं,

मैं कहां जाऊं मेरे रबा जरा बता तो दे अब तु,
ना मेरा मोल लगता है ना मेरे अन्न बिकते हैं,

मेहनतकश हूं मेहनत से कभी नहीं डरता,
क्या खोया क्या पाया ये हिसाब नहीं रखता,

आज पूछ लिया बच्चों ने क्या हुनर नहीं बाबा,
दौड़ गए जो आगे,ना हिसाब पौधों का रखते हैं,

मेरे खुदा ऐसा कोई शैलाब ला दे तू,
मेरी खुशियां मेरे गम उसमें बहा दे तु ,
फिर करूं नई शुरुआत नए जमाने में 'राज'
परिंदों के पंख जैसे आसमान में खुलते हैं।

@राज ढुल

98. बग़ीचा

अंखियों के झरोखों से

मैं अक्सर एक ही बीज लगाया करता हूं,
लंबे अरसे तक उसमें खो जाया करता हूं,

बचपन से जवानी तक सहलाया करता हूं,
फिर मैं इंमतनान से महक जाया करता हूं,

अब तो परिंदे भी मेरी महफिल में आ जाते हैं,
उनको दाना खिलाके आभार जताया करता हूं

और सिंचता रहता हूं निरंतर कांटे गुलाब को,
जब खुशबू महके मैं भी महक जाया करता हूं,

'राज' ढूंढने की जरूरत नहीं शौक -ऐ-शहर को,
आंगन में बगीचा लगा सबको बताया करता हूं।

✍️

@राज ढुल

99. अरदास करता हूँ

अंखियों के झरोखों से

कभी अरदास करता हूं कभी अरदास पढ़ता हूं,

गहराइयों से दिल की,तुमको मैं याद करता हूं,

कभी ना वो हामी भरते हैं ना इनकार करते हैं,
फिर भी ना जाने क्यों मैं,तेरा इंतजार करता हूं,

ना पागल हूं ना दीवाना, पर हुं थोड़ा सोदाई,
थोड़ा -थोड़ा सा मै यार तेरा इजहार करता हूं,

'राज' समझे या ना समझे मालूम नहीं, मगर,
सच है खुद से ज्यादा उसका ख्याल करता हूं।

@राज ढुल

100. शाम ना हो जाए

अंखियों के झरोखों से

फिर कोई गजल तेरे नाम ना हो जाए,
लिखते लिखते कहीं श्याम ना हो जाए,

मुलाकातों का सिलसिला गर चलाएँगे,
मोहल्ले में कहीं कतले आम ना हो जाए,

ए दिल तू जरा संभल के मुस्कुराया कर,
हंसना हमारा सब की जुबान ना हो जाए,

इश्क की महक कब छुपाए छुपी है दोस्त,
फूलों की खुशबू बहकता जाम ना हो जाए।

@राज ढुल

101. किताब लिखी है

अंखियों के झरोखों से

तेरी अदाओं पे मैंने एक किताब लिखी है,
कोई माने या ना माने बी हिसाब लिखी है,

जब से मिलते रहे तुमसे करते रहे दीदार,
चुपके चुपके मैंने तेरी हरेक बात लिखी है,

कब से चाहा मैंने यह ना मालूम है तुमको,
मेरे दिल में तुम कली बेहिसाब खिली है,

'राज' कैसे होता है दीदार रब -ऐ -रुह का,
जब भी पुकारा,तेरी आंखें हर बार मिली है।

@राज ढुल